BEI GRIN MACHT SICH IHR WISSEN BEZAHLT

AF130475

- Wir veröffentlichen Ihre Hausarbeit,
  Bachelor- und Masterarbeit

- Ihr eigenes eBook und Buch -
  weltweit in allen wichtigen Shops

- Verdienen Sie an jedem Verkauf

Jetzt bei www.GRIN.com hochladen und kostenlos publizieren

Das Konstrukt "interne Kommunikation" und die Konzeption eines Fragebogens, Vor- und Nachteile schriftlicher und Online-Befragungen und Vorgehen bei der Durchführung eines Chi²-Tests mit Hilfe von SPSS

Bibliografische Information der Deutschen Nationalbibliothek:

Die Deutsche Nationalbibliothek verzeichnet diese Publikation in der Deutschen Nationalbibliografie; detaillierte bibliografische Daten sind im Internet über http://dnb.d-nb.de abrufbar.

ISBN: 9783346324795
Dieses Buch ist auch als E-Book erhältlich.

© GRIN Publishing GmbH
Nymphenburger Straße 86
80636 München

Druck und Bindung: Books on Demand GmbH, Norderstedt Germany
Gedruckt auf säurefreiem Papier aus verantwortungsvollen Quellen

Das Buch bei GRIN: https://www.grin.com/document/974663

Einsendeaufgaben

Alternative A
Aus dem Themenkatalog 2020

Eingesandt: 27.05.2020

SRH Fernhochschule Riedlingen

Modul: Wissenschaftliches Arbeiten – Vertiefung II

Inhaltsverzeichnis

Abkürzungsverzeichnis

bzgl.	Bezüglich
FB	Fragebogen
i.K.	Interne Kommunikation
z.B.	Zum Beispiel

Abbildungsverzeichnis

Tabellenverzeichnis

3

Aufgabe 1 - Operationalisierung des Konstrukts Interne Kommunikation

Es lassen sich unter dem Begriff Kommunikation unterschiedliche Formen von Informations-
übermittlung einordnen. Menschen können direkt miteinander kommunizieren, aber auch technische Hilfsmittel hinzuziehen. Personen können verbal oder nonverbal kommunizieren, aber
auch individuell oder in größeren Gruppen[1]. Im betrieblichen Kontext wird zudem in interne
und externe Kommunikation unterschieden, also ob die Kommunikation innerhalb des Unternehmens oder nach außen gerichtet ist. Ebenso kann man bei der internen Kommunikation zwischen bewusst gestaltbare und unbewusste Kommunikationsprozesse unterscheiden.[2] Die interne Kommunikation (i.k.) zählt in Unternehmen zu jenen Faktoren, die für den Firmenerfolg
ausschlaggebend sind.[3] I.K. ist somit eine zentrale Voraussetzung und eine tragende Säule für
den Betrieb einer Organisation oder eines Unternehmens. Dabei können Unternehmen als so-
ziale Systeme verstanden werden. Die Mitglieder dieses Unternehmens interagieren in einer
geregelten Kommunikation unentwegt miteinander. Dadurch formen sie auch die Gestalt des
Unternehmens.[4] Wesentliche Arbeitsbereiche der Unternehmensführung basieren somit auf einer funktionierenden internen Kommunikation.[5] Es kann zu einem enormen wirtschaftlichen
und emotionalen Schaden für Unternehmen aller Branchen und Größen können, weil die i.K.
mangelhaft ist oder weil sie komplett fehlt.[6] Der Erfolg eines Unternehmens kann durch eine
gelungene i.k. erfolgen und somit auch einen Wettbewerbsvorteil darstellen.[7] Für diese Aufgabe gilt es das Konstrukt interne Kommunikation zu operationalisieren.

Als Konstrukt wird ein Sachverhalt bezeichnet, welcher nicht unmittelbar beobachtbar ist.[8]
Nach Döring und Bortz handelt es sich hierbei um eine theoretische und gedankliche Konstruk-
tion. Damit das Konstrukt sichtbar bzw. greifbar wird, wird es operationalisiert. Es wird also
messbar gemacht. Um dies zu tun, kann man sowohl qualitative als auch quantitative Verfahren
verwenden. Beispiele dazu wären Umfragen, Interviews oder Tests[9]. In diesem Fall wird die
quantitative Methode ausgewählt und ein standardisierter Fragebogen erstellt. Es werden für

---

[1] *Vgl.* Röhner und Schütz (2016) S. 103
[2] *Vgl.* Klein, Ringelstetter & Oelert (2001) S.160
[3] *Vgl.* Montua (2020) S. 2
[4] *Vgl.* Buchholz & Knorre (2019), S. 7
[5] *Vgl.* Buchholz & Knorre (2019), S. 4
[6] *Vgl.* Montua (2020) S. 2
[7] *Vgl.* Dietz, Mötzing, Wolf, Kochhan &Schunk (2019), S. 1
[8] *Vgl.* Ilmes (2017)
[9] *Vgl* Döring & Bortz (2016) S. 15

die Operationalisierung Dimensionen bestimmt, die mit dem Konstrukt in unmittelbarer Verbindung stehen[10]. Da es bei dieser Aufgabe um das Konstrukt i.k. geht, beinhaltet dies die Dimensionen Management zu Mitarbeiter, Mitarbeiter zu Management und bereichsübergreifende Kommunikation. Im nächsten Schritt werden für die Dimensionen Indikatoren ausgewählt. Mit deren Hilfe soll genau erfasst werden, was unter dem Konstrukt zu verstehen ist.[11] Z.B. Weitergabe an einzelne Mitarbeiter oder ob es sich um einen institutionalisierten Austausch oder ein eigeninitialisiertes Feedback handelt.

Im Rahmen der Aufgabenstellung soll das fiktive Unternehmen *Meringer Gruppe* kurz porträtiert und dessen i.k.-Strukturen dargestellt werden. *Meringer Gruppe* ist ein familiengeführter, mittelständischer Konzern in der vierten Generation. Seit zwei Jahren hat das Unternehmen inzwischen Niederlassungen in zehn Ländern, mit weltweit ca. 2500 Mitarbeitern und Vertretern. Das Unternehmen ist ausgegliedert in drei Kompetenzbereiche, welche von Beratung und Entwicklung bis hin zur Planung und Umsetzung die Branchen Lebensmittel, Biochemie und Pharma vollumfänglich bedienen kann. Der Hauptsitz des Unternehmens ist in Warthausen, hier arbeiten ca. 500 Personen. Vor vier Jahren wurde auf ein neues Firmengelände umgezogen. Daher kam es zu neuen Kommunikationswegen, da es früher immer wieder zu Informationsmissständen und – lücken kam. Über die letzten Jahre haben sich diese neuen Wege jedoch leider verselbstständigt. Dies führte dazu, dass es mittelweile zu viele Kommunikationsplattformen gibt, die es wieder zu reduzieren gilt. Diese Umsetzung soll effektiv gehandhabt werden, weswegen Mitarbeiter und das Management über die Art und Weise ihrer eigenen internen Kommunikation befragt werden. Beide Gruppen sollen auch Auskunft darüber geben, woher sie ihre internen Informationen beziehen und welche Wege sie bei ihrer Informationssuche präferieren. Dadurch soll die richtige Plattform beibehalten werden bzw. die überflüssige soll abgeschafft werden.

1.2 Konstruktion des Fragebogens

Die Datenerhebung soll mit Hilfe eines schriftlichen Fragebogens[12] (FB) durchgeführt werden. Bevor der Fragebogen konstruiert wird, muss ein Grobkonzept erstellt werden. Das quantitative Verfahren soll angewandt werden. Dadurch wird der Fragenbogen so erstellt, dass jeder Teil-

---

[10] *Vgl.* Reinhardt & Ornau (2016) S. 71
[11] *Vgl* Döring & Bortz (2016) S. 41
[12] *Vgl.* Häcker (2020).

nehmer den gleichen Fragebogen erhält. Durch dieses standardisierte Vorgehen wird eine vollständige Übereinstimmung der adressierten Fragen ermöglicht. Die Auswertung und Aufbereitung der Ergebnisse werden dadurch auch vereinfacht[13].

Nach Reinhardt und Ornau umfasst der Prozess einer empirischen Forschung sechs Phasen, siehe dazu Abbildung 1[14]:

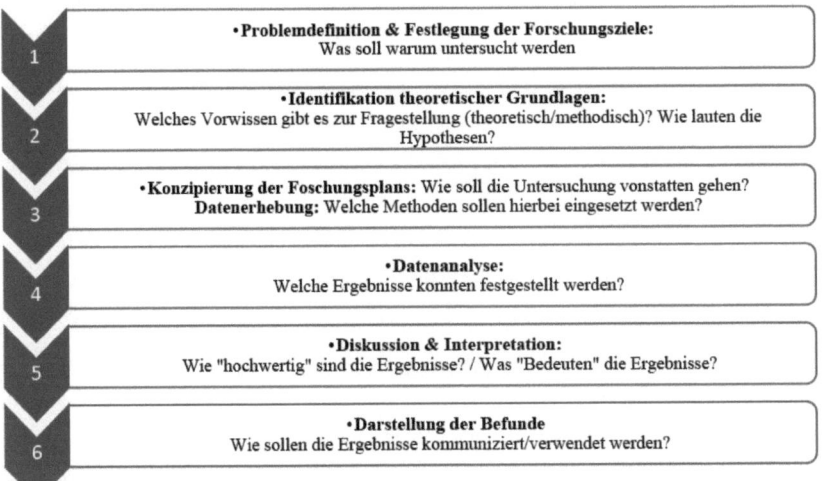

Abbildung 1: die sechs Phasen des empirischen Forschungsprozesses
(Quelle eigene Darstellung, in Anlehnung an Reinhardt und Ornau (2016), S.50)

Für einen standardisierten Fragebogen ist es eine Herausforderung, dass dieser für alle Beteiligten selbsterklärend sein muss. Ebenso muss dieser aber auch die wissenschaftlichen Gütekriterien Objektivität, Rentabilität und Validität aufweisen. Es handelt sich dabei um eine firmeninterne Umfrage, deswegen sollte vor allem auf das Gütekriterium der Objektivität genau betrachtet werden. Es muss sichergestellt sein, dass die persönliche Meinung des Erstellers des Fragebogens keinen Einfluss auf das Endergebnis nimmt. Der Fragebogen ist in sechs Elemente unterteilt – Titel, Instruktionen, inhaltliche Fragenblöcke, statistische Angaben, Feedback und Verabschiedung[15].

---

[13] *Vgl.* Urhahne, Dresel, Fischer (2019) S. 539-540
[14] *Vgl.* Reinhardt & Ornau (2016) S. 50
[15] *Vgl* Döring & Bortz (2016) S. 399, S. 405-406

Bevor ein Fragebogen zu einem Thema erstellt werden kann, sollte die Zielsetzung/Fragestellung genau formuliert sein. Dadurch kann das angestrebte Ziel auch erreicht werden. Wie oben beschrieben, soll die Umfrage dazu dienen herauszufinden, über welche Kommunikationsplattformen die Mitarbeiter und das Management untereinander kommunizieren, formell und informell. Wo bekommen die Mitarbeiter und das Management ihre benötigten Informationen? Die Fragestellung wurde damit definiert. Nun muss der Teilnehmerkreis für die Befragung ausgewählt werden[16].Wie oben schon erwähnt, arbeiten am Hauptsitz 500 Personen. Damit die Befragung eine hohe Aussagekraft erreicht und um eine möglichst diversifizierte Rückmeldung zu erhalten, wird eine Vollerhebung am Standort durchgeführt. Die Mitarbeiter sollen, wegen der hohen Anzahl an Befragungen, online befragt werden. Dies kann auf zwei Wegen geschehen – entweder via E-Mail mit der Befragung im Anhang oder über eine E-Mal mit einem Link, welcher auf eine Onlineplattform verweist.[17] Bei diesem Unternehmen wird die zweite Variante ausgewählt. Der Link verweist auf das Intranet der Firma über welches die Mitarbeiter auf die Befragung zugreifen können. Die Abteilungsleiter und die Geschäftsleitung werden vorab zu dieser Umfrage geschult, um als zusätzliche Motivatoren agieren zu können. So kann sichergestellt werden, dass möglichst viele Mitarbeiter der Firma an der Befragung teilnehme. Durch die Vorab-Schulung können Sie auch bei Unklarheiten Hilfeleistung anbieten, somit kann der Gesamtprozess beschleunigt werden.

Da es um einen sehr großen Teilnehmerkreis geht, welcher unterschiedliche schulische Hintergründe aufweist, ist es wichtig bei Erstellung des Fragebogens auf die sprachliche Gestaltung zu achten. Die Sätze sollten einfach, konkret formuliert und kurzgehalten werden. Es sollen in den Sätzen keine Abkürzungen, Fachbegriffe oder unübliche Begriffe vorhanden sein. Ein Wechsel des Antwortformats soll ebenfalls überschaubar sein[18].

1.2.2 Fragenauswahl und deren Reihenfolge

Wenn das Grobkonzept steht, kann das Feinkonzept des Fragebogens erarbeitet werden. Die Auswahl, aber auch die Reihenfolge der zu adressierten Fragen gehören ebenso dazu, wie auch die entsprechenden Antwortformate. Fragen, auch Items genannt, können in einem Fragebogen in Form von Aussagen oder Fragen formuliert sein. Sie können sowohl positiv als auch negativ

---

[16] *Vgl.* Reinhardt & Ornau (2016) S. 64
[17] *Vgl.* Reinhardt.& Ornau (2015) S. 26
[18] *Vgl.* Döring & Bortz (2016) S. 410 & *Vgl.* Porst (2014) S.21 – S.22

ausgearbeitet sein. Antwortoptionen können als geschlossene Antworten oder als offen dargestellt werden. Sie können in verschiedenen Skalen abgebildet sein. Zum Beispiel bipolare oder
Likert-Skalen[19]. Um das Konstrukt interne Kommunikation zu operationalisieren, werden die
drei Dimensionen *Management zu Mitarbeiter*, *Mitarbeiter zu Management* und *Bereichsübergreifende Kommunikation* berücksichtigt. Als Basis für die Formulierung der Fragen und die
damit verbundenen Antwortmöglichkeiten dienen die zugehörigen Indikatoren. Es erleichtert
den kognitiven Verarbeitungsprozess des Ausfüllenden, wenn es einen inhaltlichen Zusammenhang im Fragebogen gibt[20]. Das Layout des Fragebogens hat ebenfalls einen Einfluss auf den
Ausfüllenden. Wenn der Fragebogen nicht nur klar und übersichtlich ist, sondern den Ausfüllenden auch anspricht, kann sich dies positiv auf die Motivation auswirken, sodass der Inter-
viewte den Fragebogen ausfüllt und auch zurückschickt[21].

Die Einleitung des Fragebogens erläutert die Zielstellung des Interviews. Sie beinhaltet auch
klare Instruktionen für die Befragten. Der Aufbau des Fragebogens wird kurz beschrieben,
ebenso wie die Daten verwendet werden. Des Weiteren steht hier, an wen sich bei Rückfragen
zu wenden ist. Die Einleitung beinhaltet auch eine kurze Erklärung, wie die Fragen beantwortet
werden sollen[22]. Es folgen die Fragen, welche in Form von Themenblöcken abgearbeitet werden, die sich an den vorgegebenen Dimensionen für interne Kommunikation orientieren.

Der erste Themenblock beschäftigt sich mit der Dimension *Management zu Mitarbeiter*. Die
Fragen werden in die nachfolgenden Indikatoren/Kategorien aufgeteilt:

- Art der weitergebenden Informationen
    - Offizielle Beschlüsse
    - Ergebnisprotokolle
- Weitergabe an alle Mitarbeiter
    - Mündliche Besprechungen
    - Intranet
    - Interne Zeitung
    - Newsletter
- Weitergabe an einzelne Mitarbeiter
    - Bilaterale Gespräche
    - E-Mail
    - Rundschreiben über spezifische Verteiler

---

[19] *Vgl.* Porst (2014) S.21 – S.53 - 54 & *Vgl.* Urhahne, Dresel, Fischer (2019) S. 540
[20] *Vgl.* Döring & Bortz (2016) S. 407
[21] *Vgl.* Porst (2014) S.170
[22] *Vgl.* Porst (2014) S. 47 – 52

Der zweite Themenblock umfasst die Dimension *Mitarbeiter zu Management*. Die Fragen werden in die nachfolgenden Indikatoren/Kategorien aufgeteilt:

- Institutionalisierter Austausch
    - Präsenz des Managements bei Veranstaltungen
    - Regelmäßige Umfragen
    - Feedback-Schleifen
- Eigeninitialisiertes Feedback
    - E-Mail
    - Intranet
    - Klass. betriebliches Vorschlagswesen

Der dritte Themenblock umfasst die Dimension *bereichsübergreifende Kommunikation*. Die Fragen werden in die nachfolgenden Indikatoren/Kategorien aufgeteilt:

- Mit Aufgabenbezug
    - Datenbank
    - Intranet
    - Informationsmanagement
    - Meetings
    - Besprechungen
- Mit mittelbarem Aufgabenbezug
    - Kaffee-Ecke
    - Open-Space-Meetings
- Ohne Aufgabenbezug
    - Unternehmensberichte
    - Unternehmenszeitschrift

Der vierte Themenblock beinhaltet statistische Angaben, um allgemeine soziodemografische Merkmale des Ausfüllenden in die Ergebnisse einfließen lassen zu können. Hierzu werden unter anderem das Alter, Geschlecht, Tätigkeit, Unternehmenszugehörigkeit und Häufigkeit der Informationsrecherche abgefragt. Nach diesem Block werden die Befragten über ein leeres Antwortfeld zum Abschluss des Fragebogens, um ein Feedback gebeten. Anschließend wird der Fragebogen mit einer Verabschiedung und einer Danksagung beendet.[23]

---

[23] *Vgl.* Döring & Bortz (2016) S. 406

9

1.3 Weiteres Vorgehen

Das weitere Vorgehen und die Durchführung sollten vorab ordentlich geplant werden, damit der Fragebogen zum Erfolg führen kann. Ein Pretest des Fragebogens sollte durchgeführt werden, damit mögliche Probleme der Interviewten identifiziert werden können. Der quantitative Pretest, welcher unter Realbedingungen von einer kleinen Teilmenge elektronische ausgefüllt wird, eignet sich in diesem Fall besonders gut.[24]

Fragenreihenfolge, Verständlichkeit der Fragen und Antworten, technische Schwierigkeiten, das Interesse und die Aufmerksamkeit können potenzielle Problemsituationen der Befragten sein. Items mit extremen Verteilungsformen lassen sich hierbei auch identifizieren[25]. Wurden Probleme ausfindig gemacht, können diese vor dem offiziellen Start der Befragung ausgebessert werden. Der Abschluss des Pretests bildet die Fragebogenrevision.

Die Verteilung des Fragebogens erfolgt über einen Link via E-Mail. Dabei ist darauf zu achten, dass bereits die Beschreibung im Betreff und in der E-Mail das Interesse der Mitarbeiter weckt, denn Interesse motiviert die Mitarbeiter dazu, den Fragebogen auszufüllen. Hierfür eignen sich z.B. Eisbrecherfragen, also Einstiegsfragen, die dabei helfen, das Eis zu brechen.[26]

---

[24] *Vgl.* Porst (2014) S. 189 – 190 & *Vgl.* Renner, Jacob (2020), S. 47
[25] *Vgl.* Reinhardt & Ornau (2015) S. 24
[26] *Vgl.* Porst (2014) S. 139

Aufgabe 2 – schriftliche und Online-Befragungen

2.1 Vor- und Nachteile schriftlicher und Online-Befragungen

Die Befragung, egal ob schriftlich mit Papier und Bleistift oder Online, ist in der empirischen Sozialforschung die wohl am meisten genutzte Methode zur Erhebung von Daten.[27] Im Folgenden werden die Vor- und Nachteile von Papierfragebögen und der Online-Befragung betrachtet. Abschließend wird erörtert, wie die Rücklaufquote für beide Befragungstools positiv beeinflusst werden kann.

Online-Umfragen gewinnen in der heutigen Zeit für wissenschaftliche Befragungen immer mehr an Bedeutung. Während die Verbreitung von Fragebögen (FB) in Papierformat entweder auf postalischem Weg oder durch Austeilen und Einsammeln geschieht, erfolgt die Verbreitung von Online-Umfragen mit Hilfe des Internets.[28] Durch das persönliche Einsammeln schriftlicher FB hat man den Vorteil einer Vollständigkeitskontrolle. Allerdings ist dieses Verfahren sehr kosten- und zeitintensiv.[29]

In persönlich stattfindenden Gruppensituationen sind schriftliche FB die einfachste Form der Datenerhebung und sind dabei auch noch ökonomisch.[30] Schriftliche FB haben den weiteren Vorteil, dass mündliche Instruktionen vor Ort stattfinden können. Das kollektive Ausfüllen des FB durch den Effekt der sozialen Erleichterung kann sich positiv auf die Rücklaufquote auswirken. Diese kann in diesem Rahmen bei nahezu 100 Prozent liegen. Aufgrund eines eingeschränkten Datenschutzes kann jedoch vermehrt mit sozial erwünschten Antworten gerechnet werden, wodurch Verzerrungseffekte auftreten können. Ebenso kann mit Antwortverweigerungen gerechnet werden. Schriftliche versandte Papier-FB gehen mit einer sehr niedrigen Rücklaufquote einher, da die postalische Rücksendung für die Befragten auch trotz eines beiliegenden frankierten Rückumschlags mit Aufwand verbunden ist. Allerdings wird angenommen, dass postalisch versandte Papier-FB im Rahmen von Unternehmens- oder Expertenbefragungen bei den Befragten mehr Beachtung finden als per E-Mail versandte Umfragen.[31] Im Gegensatz

---

[27] *Vgl.* Kromrey, Rose & Strübing (2016) S.335
[28] *Vgl.* Döring & Bortz (2016) S. 413-414
[29] *Vgl.* Häder (2015) S. 240
[30] *Vgl.* Döring & Bortz (2016) S. 413
[31] *Vgl.* Döring & Bortz (2016) S. 413-414

zu Online-Befragungen entstehen bei Papier-FB die Kosten für den Druck der FB und die postalische Versendung, sowie das Porto für die Rücksendung.[32] Ein weiterer Nachteil bei schriftlichen Fragebögen ist das händische Eingeben oder das Auslesen mittels Scanner. Es besteht immer die Gefahr, dass ein Fragebogen fehlerhaft ausgefüllt wurde. Zum Beispiel kann es vorkommen, dass gar kein Kreuz gesetzt wurde. Bei offenen Fragen kommt hinzu, dass die Handschrift des Respondenten eventuell nur schwer zu entziffern ist. Deswegen sollte man offene Fragen weitestgehend vermeiden. Bei der Übertragung der Daten in das Auswertungsprogramm kann es auch zu Eingabefehlern kommen. [33]

Gegenüber Papier-FB zeichnen sich Online-Befragungen durch eine deutlich höhere Ökonomie aus.[34] Dieser Vorteil geht mit einer signifikanten Zeit – und Kostenersparnis einher. Die Programmierung und die eventuelle Aneignung notwendiger Softwarekenntnisse kann allerdings zeitaufwändig sein.[35] Onlineumfragen haben den Vorteil das Umfrageserver die Verwaltung der Teilnehmer übernehmen. Diese präsentieren die Fragen in der erwünschten Reihenfolge. Sie prüfen die Antworten auf Konsistenz und zeichnen diese anschließend auf.[36] Dadurch können Fehler, welche durch eine manuelle Dateneingabe entstehen, vermieden werden und eine sehr hohe Objektivität kann durch das Fehlen menschlich bedingter Verzerrungseffekte gewährleistet werden.[37] Ein großer Vorteil gegenüber dem schriftlichen Papier-FB ist, Online-FB können zusätzlich auf andere Medien zurückgreifen, wie Bild-, Audio- und Videomaterial. Weiterhin gibt es bei Online-Fragebögen die Möglichkeit Filter-Fragen einzubauen. Diese sind bei schriftlichen Fragebögen eher unangebracht. Durch die Filter-Fragen kann den Angaben entsprechend eine Frage gestellt werden, die sonst nicht in dieser Form gestellt werden kann, wenn kein Interviewer den Fragebogen vorliest.[38] Bei Online-Befragungen kann man mit eventuell auftretenden Enthemmungseffekten bei den Befragten durch eine geringere Rate sozial erwünschter Antworten rechnen, was zu weniger verzerrten Ergebnissen führt. Online-Umfragen haben auch den Vorteil, dass sie ortsunabhängig sind. Man kann auch schwer zugängliche Zielgruppen erreichen, dadurch kann man eine gemischtere Gruppe gewährleisten. In kürzester Zeit kann eine große Fallzahl realisiert werden.[39]

---

[32] *Vgl.* Brake (2009), S.409
[33] *Vgl.* Kuckarzt, Ebert, Rädiker & Stefer (2009) S.11
[34] *Vgl.* Döring & Bortz (2016) S. 414
[35] *Vgl.* Thielsch/Weltzin (2009), S. 70
[36] *Vgl.* Thielsch/Weltzin (2009), S. 70 & *Vgl.* Döring & Bortz (2016) S. 414
[37] *Vgl.* Thielsch/Weltzin (2009), S.70
[38] *Vgl.* Brake & Weber (2009) S.428
[39] *Vgl.* Döring & Bortz (2016) S. 415-416 & *Vgl.* Thielsch/Weltzin (2009), S. 70, & Brake & Weber (2009) S.427

Allerdings erreichen Online-Umfragen nicht alle Personen. Personen, welche das Internet gar nicht oder nur sporadisch nutzen, werden hier kaum angesprochen. Ältere Menschen sind bei Online-Befragungen deshalb in der Regel unterrepräsentiert. Dies kann zu Verzerrungseffekten führen.[40] Mit Hilfe von Online-Befragungen können sämtliche Stichprobenarten aktiv rekrutiert werden. Erfolg die Einladung für die Befragten hingegen passiv, wie in Foren oder Plattformen im Internet, ergibt sich daraus eine Selbstselektionsstichprobe. Deren Zusammenhang kann dann allerdings unklar sein. Ein Nachteil von Online-FB ist, dass Mehrfachteilnahmen nicht ausgeschlossen werden können.[41]

Da angebotene Online-Umfragen immer mehr zunehmen, kann auch ein Übersättigungseffekt entstehen, welcher in einer sinkenden Teilnahmebereitschaft resultiert.[42] Die Rücklaufquote postalischer Umfragen weist hingegen eine gleichbleibende Beständigkeit auf.[43]

Vorteile beider Fragebögen ist, dass die Befragten sich in Ruhe überlegen können, was sie Antworten möchten. Allerdings kann es so auch sein, dass der Respondent den Fragebogen nicht selbst ausfüllt oder auf fremdes Wissen zurückgreift.[44] Ebenso kann es sein, dass der Befragte durch jemand anderen in seinen Antworten beeinflusst wird.[45] Dadurch, dass es keinen Interviewer gibt, kann es bei diesen beiden Befragungsarten auch nicht zu einem Interviewereffekt kommen. Dies kann allerdings auch ein Nachteil sein, weil die Teilnehmer bei der Beantwortung der Fragen auf sich allein gestellt sind und nicht die Möglichkeit von Rückfragen haben, wenn sie eine Frage nicht verstehen oder zusätzliche Erläuterungen benötigen.[46] Daraus folgt, dass jede Frage des Fragebogens unmissverständlich gestellt sein muss, komplizierte Fragen sollten nicht enthalten sein.[47]

2.2 Positive Beeinflussung der Teilnahme- und Rücklaufquote

Beide Umfragen, die schriftliche Befragung wie auch die Online-Befragung, haben Schwierigkeiten ausreichend Teilnehmer für die Umfragen zu gewinnen. Dafür ist unter anderem die

---

[40] *Vgl.* Döring & Bortz (2016) S. 415-416
[41] *Vgl.* Döring & Bortz (2016) S. 414-415 & *Vgl.* Thielsch/Weltzin (2009), S. 70
[42] *Vgl.* Döring & Bortz (2016) S. 415-416
[43] *Vgl.* Häder (2015) S. 238
[44] *Vgl.* Diekmann (2008), S. 514 & *Vgl.* Scholl (2018), S.46
[45] *Vgl.* Atteslander (2010) S.157
[46] *Vgl.* Häder (2015) S. 241 & *Vgl.* Brake (2009), S.410
[47] *Vgl.* Atteslander (2010) S.157

Masse an vorhandenen Umfragen verantwortlich.[48] Beide Umfragearten beschäftigen sich neben der Teilnahmequote auch mit einer geringen Rücklaufquote. Um eine gute Rücklaufquote zu bekommen, braucht man wiederum eine höhere Anzahl an Teilnehmern. Unter Rücklaufquote ist im Allgemeinen die Anzahl von ausgefüllten Fragebögen, in Relation zur Menge an ausgeteilten Fragebögen zu verstehen.[49] Die Rücklaufquote wird bei Online-Befragungen anhand der Abrufe des Fragebogens in Relation zur Menge an abgeschlossenen Fragebögen gemessen.

Die Teilnahme- und Rücklaufquote können allerdings durch gezielte Maßnahmen positiv beeinflusst werden. Zum Beispiel kann man mithilfe einer Vorselektion Personen und Gruppen filtern, die mit einer größeren Wahrscheinlichkeit auf den Fragebogen reagieren werden.[50] Durch eine Vorankündigung via E-Mail, Post oder einem telefonischen Anruf kann die Bereitschaft der Teilnahme zusätzlich bereits vorab erfragt werden. Der Fragebogen an sich kann auch dazu beitragen, ob die Befragten an dieser Umfrage teilnehmen möchten. Ein ansprechend gestalteter Fragebogen und ein zielgerichtetes Anschreiben kann die Befragten motivieren. Bei dem Anschreiben sollte erklärt werden, warum diese Befragung durchgeführt wird und was das Ziel ist. Dies kann auch zu einem besseren Verständnis der Inhalte führen. Incentives, wie bspw. Verlosungen, welche mit dem Ausfüllen des Fragebogens einhergehen, können ebenso animierend wirken.[51] Nachfassaktionen, bei denen der ausgewählte Teilnehmerkreis nach einem bestimmten Zeitraum erneut kontaktiert, und an das Ausfüllen des Fragebogens erinnert wird, wären ebenfalls eine weiter Maßnahme.[52] Bei der postalischen Befragung wird empfohlen einen frankierten und adressierten Rückumschlag beizulegen[53]. Die Rücklaufquote kann ebenfalls erhöht werden, wenn die Respondenten Interesse an der Thematik haben und die Befragung eine Dauer von zehn bis 15 Minuten nicht übersteigt. Dies gilt für beide Arten der Befragung.[54]

---

[48] *Vgl.* Döring & Bortz (2016) S. 415
[49] *Vgl.* Döring & Bortz (2016) S. 412
[50] *Vgl.* Reinhardt & Ornau (2015) S. 11
[51] *Vgl.* Döring & Bortz (2016) S. 415 & *Vgl.* Brake (2009), S.409
[52] *Vgl.* Döring & Bortz (2016) S. 412
[53] *Vgl.* Atteslander (2010) S.158
[54] *Vgl.* Wagner-Schelwsky & Hering (2019) S.793

Aufgabe 3 - Chi²-Test

3.1 Relevante Einsatzgebiete und Fragestellungen

Häufig stehen Forschende in der empirischen Sozialforschung vor der Fragestellung, ob wenige voneinander differenzierte Erscheinungsformen zweier (oder mehr als zweier) klassifizierter Merkmale in Abhängigkeit zueinanderstehen oder nicht. Aber auch ob diese sich bzgl. Ihrer Häufigkeit voneinander unterscheiden. Um diese Fragestellung einer statistischen Überprüfung unterziehen zu können, wird der sogenannte Chi-Quadrat-Test eingesetzt.[55] Er zählt zu den inferenzstatistischen Verfahren. Inferenzstatistik, schließende Statistik, verfolgt das Ziel, Schlussfolgerungen von einer Stichprobe ausgehend über die Gesamtpopulation zu ziehen.[56]

Der Chi²-Test wird bei Fragestellungen eingesetzt, die auf nominalskalierte Variablen (Nominaldaten) Bezug nehmen. Dabei wird geprüft, ob die in der empirischen Untersuchung aufgetretene Verteilung auch einer theoretisch zu erwartenden Verteilung entsprechen würde.[57] Hierfür werden eine Nullhypothese (H_0) und Alternativhypothese (H_1) definiert. Diese werden mithilfe von Kreuztabellen gegenübergestellt.[58] Die Kreuztabellen weisen dabei die unterschiedlichen Ausprägungen der Variablen aus. Ein Beispiel für ein Chi²-Test könnte das Geschlecht und die Entscheidung für oder gegen ein Studienfach sein. Die Einsatzmöglichkeiten aber sind sehr vielseitig. Wichtig ist, dass die Kategorien sich nicht überschneiden dürfen, damit sie so eindeutig definiert und zugeordnet werden können.[59]

Mittels des Chi²-Test können zum Beispiel folgende Fragestellungen erforscht werden: Liegt eine nominale Verteilung der zu untersuchenden Variablen vor? Entstammen die untersuchenden Variablen einer Grundgesamtheit oder doch aus verschiedenen Grundgesamtheiten?[60]

3.2 Statistische Grundlagen von Chi²-Tests

Das Ziel des Chi²-Tests ist es die Unterschiede in beobachteten f_b und zu erwartenden f_e Häufigkeiten bestimmen zu können. Eine Stichprobe von >5 gilt als Basisvoraussetzung. Das heißt

---

[55] *Vgl.* Kuhlmei (2018), S. 94
[56] *Vgl.* Cleff (2019), S.210
[57] *Vgl.* Schäfer (2016) S. 247
[58] *Vgl.* Bühner und Ziegler (2009) S. 284-285
[59] *Vgl.* Kuhlmei (2018), S. 94
[60] *Vgl.* Budischewski, Ornau, Tausch (2019) S. 59

die zu erwartenden Häufigkeiten sind ≥ 5. Besteht eine nominalskalierte Variable aus mindestens zwei Stufen, zwischen denen es keine Abhängigkeit gibt, wird der eindimensionale Chi^2-Test angewandt. Die Stichprobe muss hierbei ≥ 10 betragen. Der Vier-Felder-Chi^2-Test wird bei zwei zweistufigen nominalskalierten Variablen eingesetzt, die keine Abhängigkeit zwischen den zwei Stufen vorweisen. Die Stichprobe muss hierbei ≥ 20 betragen. Der McNemar-Chi^2-Test wird verwendet, wenn zwei zweistufige nominalskalierte Variablen vorliegen und zwischen den beiden Stufen eine Abhängigkeit besteht. Wie auch beim eindimensionalen Chi^2-Test sollte die Stichprobe ≥ 10 betragen.[61]

3.2.1 Testhypothesen

Es werden Nullhypothese (H_0) und Alternativhypothese (H_1) definiert, um zu prüfen ob die erfasste Verteilung der beobachteten Häufigkeiten auch einer theoretisch zu erwartenden Verteilung entspricht. Die Nullhypothese geht von keinen Häufigkeitsunterschieden in der Grundgesamtheit aus. Das bedeutet, dass in der Realität kein oder wenn doch, dann nur ein anderer Zusammenhang/Unterschied besteht. Die Alternativhypothese wiederum geht von Unterschieden in der Grundgesamtheit aus (H_1 ungerichtet). Von einer gerichteten Alternativhypothese ist die Rede, wenn die Alternativhypothese definiert ist. Somit ist die Häufigkeit der Unterschiede bereits vorab mit einem positivem oder einem negativen Spektrum bestimmt (H_1 gerichtet).[62]

3.2.2 Testdurchführung

Um die erstellten Hypothesen testen zu können, wird im Vorfeld ein Signifikanzniveau bestimmt. Es legt die maximale Wahrscheinlichkeit des Auftretens der Beobachtung fest.[63] Der Wert des Signifikanzniveaus liegt meistens zwischen ein und fünf Prozent. Je nachdem welches Ergebnis erreicht wird, kleiner oder gleich fünf Prozent, wird die Entscheidung zugunsten H_1 oder H_0 gefällt.[64]

---

[61] *Vgl.* Kuhlmei (2018), S. 94
[62] *Vgl.* Bühner & Ziegler (2009) S. 285
[63] *Vgl.* Budischewski & Ornau (2016) S. 29
[64] *Vgl.* Bühner & Ziegler (2009) S. 285

Nachfolgend wird der Chi²-Wert und die Signifikanz anhand eines erfundenen Beispiels ermittelt. Für die Berechnungen liegt ein fiktiver Datensatz zu Grunde. Im Beispiel soll untersucht werden, ob es einen Zusammenhang zwischen Einkommen und dem Besitz eines Haustiers gibt. Es wurden insgesamt 194 Leute befragt. Mithilfe einer Kreuztabelle werden die Angaben übersichtlich dargestellt:

Einkommen	Kein Haustier	Haustier	Gesamt
Unter 2.000 €	34 (a)	48 (b)	82
Über 2.000 €	58 (c)	54 (d)	112
Gesamt	92	102	194

Tabelle 1: Kreuztabelle zum Zusammenhang des Einkommens und dem Besitz eines Haustiers (Quelle eigene Darstellung)

Die Stichprobe beträgt ≥ 10 und die Befragung wurde via Zufallsstichprobe durchgeführt, die Voraussetzungen für den Chi²-Test sind also gegeben.[65] Die Fragestellung zu diesem Beispiel lautet also, hat der Bildungsabschluss einen Einfluss auf das spätere Einkommen? Hieraus lassen sich die Testhypothesen ableiten:

H_0: Das Einkommen und der Besitz eines Haustieres sind unabhängig.

H_1: Das Einkommen und der Besitz eines Haustieres sind nicht unabhängig.

Im Beispiel soll das Signifikanzniveau α auf 5 % festgelegt werden ($\alpha = 0{,}05$)[66]

3.3.1 Berechnung des Chi²-Wertes und Ermittlung der Signifikanz

Aus Tabelle 1 kann man die beobachteten Häufigkeiten entnehmen. Um die zu erwartenden Häufigkeiten berechnen zu können, werden nun die Anzahl der Kategorien (4) und die Menge an Befragungen (194) die durchgeführt wurden, verrechnet. Die Anzahl der Personen pro Kategorie variiert, deswegen müssen die Randsummen in der Berechnung berücksichtig werden.

---

[65] *Vgl.* Kuhlmei (2018), S. 94 & *Vgl.* Eckstein (2019), S. 334
[66] *Vgl.* Cleff (2019), S.212

Folgende Vorgehensweise ist demnach anzuwenden:[67]

Kein Haustier	=	92 von 194	= 0,47
Haustier	=	102 von 194	= 0,53
< 2.000 €	=	82 von 194	= 0,42
> 2.000€	=	112 von 194	= 0,58

Die Wahrscheinlichkeiten errechnen sich dann aus den jeweiligen Kombinationen und werden im Anschluss nochmals in Personenzahlen umgerechnet, um eine genaue Gegenüberstellung der beobachteten und erwarteten Werte zu erleichtern:

Kein Haustier und < 2.000 €	= 0,47 x 0,42	= 0,197 = 19,7%
Kein Haustier und > 2.000€	= 0,47 x 0,58	= 0,273 = 27,3%
Haustier und < 2.000 €	= 0,53 x 0,42	= 0,223 = 22,3%
Haustier und > 2.000 €	= 0,53 x 0,58	= 0,307 = 30,7%

Kein Haustier und < 2.000 €	= 19,7% x 194	= 3821,8	~ 38
Kein Haustier und > 2.000€	= 27,3% x 194	= 5296,2	~ 53
Haustier und < 2.000 €	= 22,3% x 194	= 4326,2	~ 43
Haustier und > 2.000 €	= 30,7% x 194	= 5955,8	~ 60

Einkommen	Kein Haustier	Haustier	Gesamt
Unter 2.000 €	38 (a)	43 (b)	81
Über 2.000 €	53 (c)	60 (d)	113
Gesamt	91	103	194

Tabelle 2: Kreuztabelle zu den erwarteten Häufigkeiten unter Berücksichtigung der Randsummen zum Zusammenhang des Einkommens und dem Besitz eines Haustiers
(Quelle: Eigene Darstellung)

Bevor man den Chi²-Wert ermitteln kann, muss erst der Freiheitsgrad df errechnet werden. Der Freiheitsgrad df ergibt sich aus der nachfolgenden Berechnung anhand der Spalten und Zeilen[68]:

$df = (2 - 1) \ x \ (2 - 1) = 1$

Anhand der Chi-Quadrat-Tabelle in Anlage 2 kann für einen Freiheitsgrad von 1 in der entsprechenden Zeile und einen Wert p = 1-α = 0,95 (asymptotische Signifikanz) in der entsprechenden Spalte der kritische Testwert von c₀ = $x^2_{2;0,95}$ = 3,841 abgelesen werden.

---

[67] Vgl. Bühner & Ziegler (2009) S. 223
[68] Vgl. Budischewski & Ornau (2016) S. 53

Danach kann die folgende Formel angewandt werden. Hierbei steht f_b für die beobachteten Häufigkeiten (Tabelle 1), f_e für die erwarteten Häufigkeiten (Tabelle 2):

$$x^2 = \sum_{i=1}^{k} \frac{(fb - fe)^2}{fe}$$

$$x^2\text{emp} = \sum_{i=1}^{k} \frac{(fb-fe)^2}{fe} = \frac{(34-38)^2}{38} + \frac{(48-43)^2}{43} + \frac{(58-53)^2}{53} + \frac{(54-60)^2}{60} = 2,07$$

Der empirische Chi²-Wert beträgt also 2,07. Damit ist der empirisch berechnete Chi²-Wert x^2_{emp} = 2,07 kleiner als der kritische Testwert c_0 = $x^2_{2;0,95}$=3,841(x^2_{emp}= 2,07 < c_0 = $x^2_{2;0,95}$ = 3,841). Somit ist H_0 mit einer maximalen Irrtumswahrscheinlichkeit von α = 2,07 beizubehalten.[69]

Es gilt: x^2_{emp}= 2,07 < c_0 = $x^2_{2;0,95}$ = 3,841 ➜ nicht signifikant ➜ H_0.[70]

3.4 Durchführung des Chi-Quadrat-Tests mit Hilfe von SPSS

Anhand des gleichen Beispiels soll nun die Durchführung des Chi-Quadrat-Tests mit Hilfe der Statistiksoftware IBM SPSS Statistics Version 26 (kurz SPSS) erklärt werden.[71] Nach dem Start von SPSS öffnet sich zunächst der Dateneditor. Im ersten Schritt erfolgt zunächst der Wechsel in die Variablenansicht, in welcher die Spalten benannt und weitere Details hinterlegt werden[72]. In diesem Beispiel heißen die Spalten *Anzahl, Einkommen* und *Haustier*. Da es sich bei den Daten *Einkommen* und *Haustier* um nominale Variablen handelt, wird das Messniveau auf Nominal eingestellt.

	Name	Typ	Breite	Dezimal	Beschriftung	Werte	Fehlend	Spalten	Ausrichtung	Maß	Rolle
1	Anzahl	Numerisch	8	0	Befragte	Ohne	Ohne	8	≡ Rechts	⁄ Skala	↘ Eingabe
2	Einkommen	Numerisch	8	0	Unter 2000€ / Über 2000€	Ohne	Ohne	8	≡ Rechts	♣ Nominal	↘ Eingabe
3	Haustier	Numerisch	8	0	Haustier / Kein Haustier	Ohne	Ohne	8	≡ Rechts	♣ Nominal	↘ Eingabe

Abbildung 2: Variablenansicht SPSS
(Quelle: Eigene Darstellung)

Nach vollständiger Definition der Variablen erfolgt ein Wechsel zurück in die Datenansicht, welche nun mit den fiktiven Forschungsdaten ausgefüllt werden kann. Die sich daraus ergebende Datenmatrix[73] wurde als separate Datei beigefügt.

Hier ein Ausschnitt aus der Tabelle in SPSS:

---

[69] *Vgl.* Cleff (2019), S.213
[70] *Vgl.* Budischewski & Ornau (2016) S. 55
[71] *Vgl.* IBM Software Announcement ZP17-0207 (2018).
[72] *Vgl.* Budischewski, Ornau, Tausch (2019) S. 59
[73] *Vgl.* Eckstein (2019), S. 49

79	79	0	1
80	80	0	1
81	81	0	0
82	82	0	1
83	83	1	0
84	84	1	0
85	85	1	1
86	86	1	1

Abbildung 3: Datenansicht SPSS
(Quelle: Eigene Darstellung)

Die nun hinterlegten Daten bilden die Basis für die Durchführung des Chi²-Tests im SPSS. Um im weiteren Verlauf eine Kreuztabelle zu erstellen, werden über die Auswahl *Analysieren, Deskriptive Statistiken* und *Kreuztabellen* die Zeilen und Spalten zugeordnet. In diesem Beispiel wurde der Besitz des Haustiers als Spalte und das Einkommen als Zeile festgelegt. Durch das Klicken auf *OK* öffnet sich die nachfolgende Ausgabedatei:

➡ **Kreuztabellen**

Verarbeitete Fälle

	Fälle					
	Gültig		Fehlend		Gesamt	
	N	Prozent	N	Prozent	N	Prozent
Unter 2000€ / Über 2000 €* Haustier / Kein Haustier	194	100,0%	0	0,0%	194	100,0%

Unter 2000€ / Über 2000€ * Haustier / Kein Haustier Kreuztabelle

Anzahl

		Haustier / Kein Haustier		
		Kein Haustier	Haustier	Gesamt
Unter 2000€ / Über 2000 €	< 2000€	34	48	82
	> 2000€	58	54	112
Gesamt		92	102	194

Abbildung 4: Kreuztabelle fiktives Beispiel in SPSS
(Quelle: Eigene Darstellung)

Zur Durchführung des Chi²-Tests sind nun nachfolgende Schritte erforderlich:
Im Fenster der Kreuztabellen wird die Option *Zellen* ausgewählt. Im sich nun öffnenden Fenster wird ein Häkchen bei den *erwarteten Häufigkeiten* gesetzt. Mit *Weiter* wird das Fenster wieder geschlossen. Im Fenster Kreuztabellen wird auf die Option *Statistiken* geklickt. Im sich öffnenden Fenster wird bei *Chi-Quadrat* ein Häkchen gesetzt und das Fenster mit *Weiter* geschlossen.

Anschließend wird bei den Kreuztabellen auf *OK* geklickt.[74] Nun öffnet sich eine Ausgabedatei, welche die bisherigen beobachteten Daten mit den zu erwarteten Daten gegenüberstellt und den Chi²-Test durchkalkuliert hat, siehe dazu Abbildung 5. Der mit Hilfe von SPSS berechnete $\chi2$-Wert beträgt 2,023. Die Interpretation der aufgeführten Ergebnisse erfolgt durch einen Vergleich der asymptotischen Signifikanz (p-Wert) mit dem Wert des zuvor festgelegten Signifikanzniveaus α. Ist p < α, gilt H_0 als falsifiziert. [75] Im Beispiel wurde ein Signifikanzniveau von $\alpha = 0,05$ festgelegt. Für die asymptotische Signifikanz lässt sich der Wert p = 0,155 ablesen. Somit gilt für das Beispiel: p = 0,155 > α = 0,05 => nicht signifikant => H_0.

Unter 2000€ / Über 2000€ * Haustier / Kein Haustier Kreuztabelle

Erwartete Anzahl

| | | Haustier / Kein Haustier | | |
		Kein Haustier	Haustier	Gesamt
Unter 2000€ / Über 2000 €	< 2000€	38,9	43,1	82,0
	> 2000€	53,1	58,9	112,0
Gesamt		92,0	102,0	194,0

Chi-Quadrat-Tests

	Wert	df	Asymptotische Signifikanz (zweiseitig)	Exakte Signifikanz (2-seitig)	Exakte Signifikanz (1-seitig)
Chi-Quadrat nach Pearson	2,023ᵃ	1	,155		
Kontinuitätskorrekturᵇ	1,630	1	,202		
Likelihood-Quotient	2,029	1	,154		
Exakter Test nach Fisher				,190	,101
Zusammenhang linear-mit-linear	2,013	1	,156		
Anzahl der gültigen Fälle	194				

a. 0 Zellen (0,0%) haben eine erwartete Häufigkeit kleiner 5. Die minimale erwartete Häufigkeit ist 38,89.
b. Wird nur für eine 2x2-Tabelle berechnet

Abbildung 5: Gegenüberstellende Kreuztabellen und Chi²-Test im SPSS
(Quelle: Eigene Darstellung)

Aus den Ergebnissen der manuellen und SPSS-unterstützten Durchführung des Chi²-Tests kann für das gewählte Beispiel geschlussfolgert werden, dass H_0 nicht verworfen werden kann.[76] Für das Beispiel bedeutet dies, dass sich Personen mit Haustieren und keinen Haustieren bezüglich ihres Einkommens von < oder > 2.000€ nicht signifikant unterscheiden. Das Einkommen kann

---

[74] *Vgl.* Budischewski, Ornau, Tausch (2019) S. 48
[75] *Vgl.* Cleff (2019), S.213
[76] *Vgl.* Cleff (2019), S.213

somit unabhängig vom Besitz eines Haustieres betrachtet werden. Hätte das Beispiel zwei nominale Variablen mit je zwei Merkmalsausprägungen beschrieben, hätte alternativ der Vier-Felder-Chi-Quadrat-Test eingesetzt werden können.[77] Mithilfe des Chi^2-Tests kann nur „eine ansatzweise richtige Irrtumswahrscheinlichkeit"[78] ermittelt werden, welche sich mit zunehmender Stichprobengröße immer mehr der tatsächlichen Irrtumswahrscheinlichkeit annähert. Folglich kann der Chi^2-Test für kleinere Stichproben keine sicheren Ergebnisse liefern. Für kleinere Stichproben bieten sich dann eher der Exakte Test nach Fischer an, mit welchem exakte Irrtumswahrscheinlichkeiten ermittelt werden können.[79]

---

[77] *Vgl.* Kuhlmei (2018), S. 101
[78] *Vgl.* Kuhlmei (2018), S. 108
[79] *Vgl.* Kuhlmei (2018), S. 108

Literaturverzeichnis

Atteslander, P. (2010). Methoden der empirischen Sozialforschung (13.). Berlin: Erich Schmidt Verlag.

Brake, A. (2009). Schriftliche Befragung. In S. Kühl, P. Strodtholz & A. Taffertshofer (Hrsg.), Handbuch Methoden der Organisationsforschung. Quantitative und Qualitative Methoden (S. 392–412). Wiesbaden: VS Verlag für Sozialwissenschaften.

Brake, A. & Weber, S. M. (2009). Internetbasierte Befragung. In S. Kühl, P. Strodtholz & A. Taffertshofer (Hrsg.), Handbuch Methoden der Organisationsforschung. Quantitative und Qualitative Methoden (S. 413–434). Wiesbaden: VS Verlag für Sozialwissenschaften.

Buchholz, U. & Knorre, S. (2019), Interne Kommunikation und Unternehmensführung: Theorie und Praxis eines kommunikationszentrierten Managements, Wiesbaden.

Budischewski, K. und Ornau, F. (2016): Studienbrief der SRH Fernhochschule – Statistik, Titel Nr. 0699-04 (4. Auflage); Hrsg. SRH Fernhochschule Riedlingen

Budischewski, K., Ornau, F., Tausch, A. (2019): Studienbrief der SRH Fernhochschule – SPSS, Titel Nr. 0693-03 (3. Auflage); Hrsg. SRH Fernhochschule Riedlingen

Bühner und Ziegler (2009): Statistik für Psychologen und Sozialwissenschaftler; Hrsg. Pearson Education Deutschland GmbH

Cleff, T. (2019), Angewandte Induktive Statistik und Statistische Testverfahren: Eine computergestützte Einführung mit Excel, SPSS und Stata, Wiesbaden.

Diekmann, A. (2008). Empirische Sozialforschung. Grundlagen, Methoden, Anwendung (19.). Reinbek bei Hamburg: Rowohlt Taschenbuch Verlag.

Dietz, J., Mötzing, S., Wolf, S., Kochhan, C. & Schunk, H. (2019), Interne Kommunikation in kleinen und mittleren Unternehmen: Eine qualitative Analyse in Print- und Digitalunternehmen, Wiesbaden

Döring & Bortz (2016): Forschungsmethoden und Evaluation in den Sozial- und Humanwissenschaften (5. Auflage); Hrsg. Springer-Verlag Berlin Heidelberg

Eckstein, P. P. (2019), Statistik für Wirtschaftswissenschaftler: Eine realdatenbasierte Einführung mit SPSS, 6. Aufl., Wiesbaden.

Häder, M. (2015), Empirische Sozialforschung: Eine Einführung, 3. Aufl., Wiesbaden.

Hellbrück, R. (2009), Angewandte Statistik mit R: Eine Einführung für Ökonomen und Sozialwissenschaftler, 1. Aufl., Wiesbaden.

Kromrey, H., Roose, J. & Strübing, J. (2016). Empirische Sozialforschung. Modelle und Methoden der standardisierten Datenerhebung und Datenauswertung mit Annotationen aus qualitativ-interpretativer Perspektive (13.). Konstanz: UVK Verlagsgesellschaft.

Kuhlmei, E. (2018), Lerne mit uns Statistik! Drei Studis erklären statistische Verfahren und ihre SPSS-Anwendungen, Berlin.

Montua, A. (2020) Führungsaufgabe Interne Kommunikation: Erfolgreich in Unternehmen kommunizieren – im Alltag und in Veränderungsprozessen, Hamburg, Springer Gabler Verlag

Porst, R. (2014) Fragebogen – ein Arbeitsbuch. Studienskripten zur Soziologie. 4. Auflage, Springer VS,

Reinhardt & Ornau (2016): Studienbrief der SRH Fernhochschule – Grundlagen der empirischen Sozialforschung, Titel Nr. 1121-03 (3. Auflage); Hrsg. SRH Fernhochschule Riedlingen

Reinhardt & Ornau (2015): Studienbrief der SRH Fernhochschule – Fragebogentechnik, Titel Nr. 1001-02 (2. Auflage); Hrsg. SRH Fernhochschule Riedlingen

Renner, K.-H., Jacob, N.-C., (2020) Das Interview – Grundlagen und Anwendung in Psychologie und Sozialwissenschaften. Springer, Berlin

Röhner & Schütz (2016) Psychologie der Kommunikation – Basiswissen Psychologie (2. Auflage); Hrsg. Springer Fachmedien Wiesbaden

Schäfer, T. (2016): Methodenlehre und Statistik – Einführung in Datenerhebung, deskriptive Statistik und Inferenzstatistik; Hrsg. Springer Fachmedien Wiesbaden GmbH

Scholl, A. (2018). Die Befragung (4.). München: UVK Verlagsgesellschaft.

Thielsch, M. T. /Weltzin, S. (2009) Online-Befragungen in der Praxis. In: Brandenburg, T./Thielsch, M. T. (Hrsg.), Praxis der Wirtschaftspsychologie: Themen und Fallbeispiele für Studium und Anwendung, Münster.

Urhahne, D., Dresel, M., Fischer, F. (Hrsg.) (2019): Psychologie für den Lehrberuf; Hrsg. Springer-Verlag GmbH Deutschland

Wagner-Schelewsky, P. & Hering, L. (2019). Online-Befragung. In N. Baur & J. Blasius (Hrsg.), Handbuch Methoden der empirischen Sozialforschung (2., S. 787– 800). Wiesbaden: Springer

Internetquellenverzeichnis

ILMES (Internet-Lexikon der Methoden der empirischen Sozialforschung), Abgerufen am 02.05.2020, Verfügbar unter: http://wlm.userweb.mwn.de/Ilmes/ilm_k3.htm

Klein, J., Ringelstetter, M. & Oelert, J. (2001): Interne Kommunikation, in: Brauner, D.J.; Leitolf, J.; Raible-Besten, R.; Weigert, M.M. (Hrsg., 2001), Lexikon für Presse und Öffentlichkeitsarbeit, München 2001, S. 160-168, Abgerufen am 02.05.2020, Verfügbar unter: https://www.econbiz.de/archiv/ei/kuei/organisation/interne_kommunikation.pdf

Häcker, H. (2020), Fragebogen. In: Wirtz, M. A. (Hrsg.), Dorsch – Lexikon der Psychologie, Abgerufen am: 04.05.2020, Verfügbar unter: https://m.portal.hogrefe.com/dorsch/fragebogen/

IBM Europe Software Announcement ZP17-0207 (2018), IBM SPSS Statistics V25 offers new statistics, stronger integration with third-party applications, and enhanced productivity, IBM Deutschland GmbH, Abgerufen am 21.05.2020, verfügbar unter: https://www-01.ibm.com/common/ssi/rep_ca/7/877/ENUSZP17-0207/ENUSZP17-0207.PDF

Interne Kommunikation

Fragebogen

Eine Umfrage der SRH Fernhochschule Riedlingen

Ziel der Befragung:

Sehr geehrte Mitarbeiterinnen und Mitarbeiter,

zunächst möchte ich mich herzlich bei Ihnen für die Teilnahme und Mithilfe an dieser Umfrage bedanken und Ihnen einige zusätzliche Informationen bereitstellen, um den Hintergrund der Umfrage für Sie zu erläutern.

Thema dieser Umfrage ist die betriebsinterne Kommunikation am Standort in Warthausen. Hier arbeiten zwischenzeitlich ca. 500 Personen. Vor vier Jahren wurde auf ein neues Firmengelände umgezogen. Daher kam es zu neuen Kommunikationswegen, da es früher immer wieder zu Informationsmissständen und – lücken kam. Über die letzten Jahre haben sich diese neuen Wege jedoch verselbstständigt, was dazu führte, dass es mittlerweile zu viele Kommunikationsplattformen gibt. Diese gilt es nun wieder zu reduzieren. Zentrale Fragestellungen beinhalten daher die von Ihnen verwendeten Kommunikationsplattformen und wie (formell/ informell) Sie und das Management untereinander kommunizieren und wo Sie die jeweils benötigen Informationen finden bzw. herholen.

Aufbau des Fragebogens:

Aufgebaut ist der Fragebogen in fünf Themenblöcke. Jeder Themenblock enthält zwischen sechs bis siebzehn Fragen. Lediglich Block fünf ist optional.

Block 1: Kommunikation Management zu Mitarbeiter

Block 2: Kommunikation Mitarbeiter zu Management

Block 3: Bereichsübergreifende Kommunikation

Block 4: Statistische Angaben

Block 5: Optionales Feedback

Die Dauer zur Beantwortung des Fragebogens beträgt ca. 30 Minuten.

Bitte senden Sie den ausgefüllten Fragebogen im beiliegenden Rückumschlag bis spätestens _____ zurück.

Vertraulichkeit der Umfrageergebnisse:

Selbstverständlich werden all Ihre Antworten gemäß der Datenschutzgrundverordnung (DSGVO) streng vertraulich behandelt. Die Ergebnisse werden nach der Auswertung in anonymisierter Form abgespeichert und in Form eines Forschungsberichts veröffent-licht. Dabei sind keinerlei Rückschlüsse auf Ihre Person oder Ihr Unternehmen mög-lich. Auf Wunsch erhalten Sie den Forschungsbericht, sobald die Untersuchungen ab-geschlossen sind.

Ansprechpartner bei Rückfragen:

Sollten Sie vorab noch etwaige Rückfragen haben oder es Unklarheiten gibt, kontak-tieren Sie bitte Frau Musterfrau.

Vielen Dank im Voraus für die Teilnahme an dieser Befragung!

Hinweise zum Ausfüllen des Fragebogens:

- Bitte lesen Sie die Fragen sorgfältig durch und beantworten Sie diese der Reihe nach.
- Die meisten Fragen lassen sich beantworten, indem Sie das entsprechende Feld mit der auf Sie zutreffenden Antwortalternative ankreuzen.
- Bei Fragen mit Mehrfachnennungen kreuzen Sie bitte alle auf Sie zutreffenden Antwortoptionen an.
- Trifft keine der vorgegebenen Antwortalternativen auf Sie zu, kreuzen Sie bitte "Sonstige" an. Sie können Ihre Antwort in den dafür vorgesehenen Zeilen er-läutern. Bitte schreiben Sie in gut lesbarer Schrift.
- Bitte beachten Sie beim Durchlesen der Fragen, dass diese teilweise in zwei unterschiedlichen Varianten formuliert sind, da sowohl die Mitarbeiter als auch die Vorgesetzten angesprochen werden.

Beispiele für mögliche Fragen:

- Gibt es in Ihrer Einrichtung einen Newsletter für Mitarbeiter?
  O Ja   O Nein
- Wie häufig erhalten Sie die unter 1.5 genannten Medien von der Geschäftslei-tung?

  O   ein bis mehrmals täglich

  O   ein bis mehrmals in der Woche

  O   ein bis mehrmals im Monat

  O   nie

Der erste Block beinhaltet Fragen zur Kommunikation vom Management zum Mitarbeiter. Hierbei geht es um die Art der weitergegebenen Informationen, die Weitergabe an alle Mitarbeiter und die Weitergabe an einzelne Mitarbeiter

---

1.1   Wie zufrieden sind Sie mit der Kommunikation der Geschäftsleitung Ihres Unternehmens?

O   sehr zufrieden

O   zufrieden

O   unentschieden

O   eher nicht zufrieden

O   unzufrieden

Art der weitergegebenen Informationen

1.2   In welcher Form erhalten Sie Informationen von ihrem Vorgesetzten? / Bzw. In welcher Form geben Sie, als Vorgesetzter, Informationen an Ihre Mitarbeiter weiter? (Mehrfachnennungen möglich)

O   Offizielle Beschlüsse

O   Ergebnisprotokolle

O   Sonstige: _____

1.3   Wo werden die unter 1.2 genannten Dokumente für gewöhnlich abgelegt? (Mehrfachnennungen möglich)

O   Auf dem Laufwerk in einem offiziellen hierfür vorgesehenen Bereich

O   Auf dem Laufwerk in den Dokumenten einzelner Personen (bspw. Ihrem Vorgesetzten)

O   SharePoint in einem offiziellen hierfür vorgesehenen Bereich

O   SharePoint in den Dokumenten einzelner Personen (bspw. Ihrem Vorgesetzten)

O   OneNote

O   Teams

O   E-Mail

O   Sonstige: _____

1.4   Wie häufig erhalten Sie die unter 1.2 genannten Informationen von Ihrem Vor-
       gesetzten in mündlicher Form? / Bzw. wie häufig geben Sie, als Vorgesetzter,
       die unter 1.2 genannten Informationen in mündlicher Form an Ihre Mitarbeiter
       weiter?

       O   ein bis mehrmals täglich

       O   ein bis mehrmals in der Woche

       O   ein bis mehrmals im Monat

       O   nie

1.5   Wie lange dauert es für gewöhnlich bis Sie die unter 1.2 genannten Informatio-
       nen in schriftlicher Form von Ihrem Vorgesetzten erhalten? / Bzw. wie lange
       dauert es für gewöhnlich bis Sie, als Vorgesetzter, Ihren Mitarbeitern, die unter
       1.2 genannten Informationen in schriftlicher Form zur Verfügung stellen?

       O   1-2 Tage

       O   2- 4 Tage

       O   1 Woche

       O   Zwischen einer Woche und einem Monat

       O   länger als einen Monat

       O   nie

Weitergabe an alle Mitarbeiter

1.6   Wie werden Sie über Neuigkeiten/ Veränderungen von der Geschäftsleitung in-
       formiert? (Mehrfachnennungen möglich)

       O   Mündliche Besprechungen

       O   Intranet

       O   Interne Zeitung

       O   Newsletter

       O   Sonstige: _____

31

1.7 Wie häufig erhalten Sie die unter 1.6 genannten Medien von der Geschäftsleitung?

O ein bis mehrmals täglich

O ein bis mehrmals in der Woche

O ein bis mehrmals im Monat

O nie

1.8 Welche Kommunikationsmethode bevorzugen Sie persönlich für allgemeine
Informationen von der Geschäftsleitung am meisten?

O Mündliche Besprechungen

O Intranet

O Interne Zeitung

O Newsletter

O Sonstige: _____

Weitergabe an einzelne Mitarbeiter

1.9 Wie werden Sie über Neuigkeiten/ Veränderungen von Ihrem Vorgesetzten in-
formiert? / Bzw. wie informieren Sie Ihre Mitarbeiter über Neuigkeiten/ Veränderungen? (Mehrfachnennungen möglich)

O Bilaterale Gespräche

O E-Mail

O Rundschreiben über spezifische Verteiler

O Sonstige: _____

1.10 Welchen der unter 1.9 genannten Kommunikationswege bevorzugen Sie persönlich? (Mehrfachnennungen möglich)

O Bilaterale Gespräche

O E-Mail

O Rundschreiben über spezifische Verteiler

O Sonstige: _____

1.11 Wie zufrieden sind Sie mit der Kommunikation Ihres Vorgesetzten im Unternehmen?

O   sehr zufrieden

O   zufrieden

O   unentschieden

O   eher nicht zufrieden

O   unzufrieden

Themenblock 2: Kommunikation Mitarbeiter zu Management

Der zweite Block beinhaltet Fragen zur Kommunikation vom Mitarbeiter zum Management. Hierbei geht es um die Art des Austauschs – Institutionalisiert (von oben nach unten) oder Eigeninitialisiert (von unten nach oben)

2.1 Wie beurteilen Sie ihre Möglichkeiten, persönlich mit der Geschäftsführung in Kontakt zu treten?

O   sehr gut

O   gut

O   unentschieden

O   eher schlecht

O   sehr schlecht

Institutionalisierter Austausch

2.2 Wie nimmt die Geschäftsleitung für gewöhnlich Kontakt mit Ihnen auf? (Mehrfachnennungen möglich)

O   spontan telefonisch

O   spontan persönlich

O   vorab vereinbarter Termin via Outlook

O   E-Mail

O   Sonstige: _____

2.3   Wie häufig ist die Geschäftsleitung bei betrieblichen Veranstaltungen anwesend?

O   immer
O   häufig
O   selten
O   nie

2.4   Wie nimmt Ihr Vorgesetzter für gewöhnlich Kontakt mit Ihnen auf? (Mehrfachnennungen möglich)

O   spontan telefonisch
O   spontan persönlich
O   vorab vereinbarter Termin via Outlook
O   E-Mail
O   Sonstige: _____

2.5   Wie häufig ist ihr Vorgesetzter bei betrieblichen Veranstaltungen anwesend?

O   immer
O   häufig
O   selten
O   nie

2.6   Führt die Geschäftsleitung regelmäßig Umfragen unter den Mitarbeitern durch? (Im Falle von „nein" überspringen Sie bitte die Fragen 2.7 und 2.8)

O   ja
O   nein

2.7   Wie häufig führt die Geschäftsleitung Umfragen unter den Mitarbeitern durch?

O   ein bis mehrmals in der Woche
O   ein bis mehrmals im Monat
O   halbjährlich
O   jährlich

2.8   In welcher Form werden die Umfragen der Geschäftsleitung durchgeführt?
      (Mehrfachnennungen möglich)

O   Intranet
O   telefonisch
O   E-Mail
O   schriftlich in Papierform
O   Sonstige: _____

2.9   Hat Ihr Vorgesetzter/ die Geschäftsleitung offizielle Feedback-Schleifen einge-
      richtet, über welche Sie Rückmeldung geben können?   (Im Falle von „nein"
      überspringen Sie bitte die Frage 2.10 und 2.11)

O   ja
O   nein

2.10   Welche offiziellen Feedback-Schleifen stehen Ihnen zur Verfügung?   (Mehr-
       fachnennungen möglich)

O   Intranet
O   telefonisch
O   E-Mail
O   schriftlich in Papierform
O   Sonstige: _____

2.11   Welche dieser Feedback-Schleifen haben Sie schon einmal genutzt?   (Mehr-
       fachnennungen möglich)

O   Intranet
O   telefonisch
O   E-Mail
O   schriftlich in Papierform
O   Sonstige: _____

2.12	Wie häufig werden die Feedback-Schleifen von Ihnen selbst genutzt?

O   ein bis mehrmals täglich

O   ein bis mehrmals in der Woche

O   ein bis mehrmals im Monat

O   nie

2.13	Sind dies ausreichend Möglichkeiten für Sie um mit der Geschäftsleitung/ Ihrem Vorgesetzten in Kontakt zu treten? (Im Falle von „nein" ergänzen Sie bitte eine kurze Begründung)

O   ja

O   nein, _____

Eigeninitialisiertes Feedback

2.14	Wie häufig nehmen Sie an betrieblichen Veranstaltungen teil?

O   immer

O   häufig

O   selten

O   nie

2.15	Wie nehmen Sie für gewöhnlich Kontakt mit Ihrem Vorgesetzten auf? (Mehrfachnennungen möglich)

O   spontan telefonisch

O   spontan persönlich

O   vorab vereinbarter Termin via Outlook

O   E-Mail

O   Sonstige: _____

2.16 Wie nehmen Sie für gewöhnlich Kontakt mit der Geschäftsleitung auf? (Mehrfachnennungen möglich)

O   spontan telefonisch

O   spontan persönlich

O   vorab vereinbarter Termin via Outlook

O   E-Mail

O   Sonstige: _____

2.17 Wie geben Sie für gewöhnlich Ihrem Vorgesetzten Feedback (bspw. in Form
von Verbesserungsvorschlägen oder sonstiger Rückmeldung)? (Mehrfachnennungen möglich)

O   telefonisch

O   persönlich

O   vorab vereinbarter Termin via Outlook

O   E-Mail

O   Intranet

O   klassisches betriebliches Vorschlagswesen

O   Sonstige: _____

2.18 Wie geben Sie für gewöhnlich der Geschäftsleitung Feedback (bspw. in Form
von Verbesserungsvorschlägen oder sonstiger Rückmeldung)? (Mehrfachnennungen möglich)

O   telefonisch

O   persönlich

O   vorab vereinbarter Termin via Outlook

O   E-Mail

O   Intranet

O   klassisches betriebliches Vorschlagswesen

O   Sonstige: _____

Der dritte Themenblock beinhaltet Fragen zur bereichsübergreifenden Kommunikation. Hierbei geht es um die Kommunikation mit, ohne, oder mit mittelbarem Aufgabenbezug.

3.1   Wie zufrieden sind Sie mit der bereichsübergreifenden Kommunikation innerhalb des Unternehmens?

O   sehr zufrieden

O   zufrieden

O   unentschieden

O   eher nicht zufrieden

O   eher unzufrieden

Kommunikation mit Aufgabenbezug

3.2   Wie häufig ist eine bereichsübergreifende Kommunikation für Ihre Funktion erforderlich?

O   ein bis mehrmals täglich

O   ein bis mehrmals in der Woche

O   ein bis mehrmals im Monat

O   nie

3.3   Wie häufig finden für Ihre Funktion bereichsübergreifende Gespräche statt?

O   ein bis mehrmals täglich

O   ein bis mehrmals in der Woche

O   ein bis mehrmals im Monat

O   nie

3.4 Welche Möglichkeiten haben Sie, um arbeits-/ projektbezogene Informationen mit anderen Bereichen im Unternehmen zu teilen? (Mehrfachnennungen möglich)

- O   SharePoint
- O   Datenbank
- O   OneNote
- O   Informationsmanagement
- O   Meetings
- O   Besprechungen
- O   Sonstige: _____

3.5 Welche der unter 3.4. genannten Möglichkeiten nutzen Sie am häufigsten? (Mehrfachnennungen möglich)

- O   SharePoint
- O   Datenbank
- O   OneNote
- O   Informationsmanagement
- O   Meetings
- O   Besprechungen
- O   Sonstige: _____

Kommunikation mit mittelbarem Aufgabenbezug

3.6 Tauschen Sie sich mit Personen aus anderen Bereichen des Unternehmens in Bezug auf Ideen/ Erfahrungen aus? (Im Falle von „nein" überspringen Sie bitte die Frage 3.7, 3.8, 3.9 und 3.10)

- O   ja
- O   nein

3.7 Wie häufig tauschen Sie sich mit Personen aus anderen Bereichen des Unternehmens in Bezug auf Ideen/ Erfahrungen aus?

O ein bis mehrmals täglich

O ein bis mehrmals in der Woche

O ein bis mehrmals im Monat

O nie

3.8 Wo tauschen Sie sich mit Personen aus anderen Bereichen des Unternehmens in Bezug auf Ideen/ Erfahrungen aus? (Mehrfachnennungen möglich)

O Kaffee-Ecke

O spontan telefonisch

O Kantine

O Open-Space-Meetings[80]

O Sonstige: _____

3.9 Sind Sie der Ansicht diese Art Austausch rentiert sich und ist zielorientiert? (Bitte ergänzen Sie eine kurze Begründung)

O ja, _____

O nein, _____

3.10 Würden Sie sich bei dieser Art Austausch mehr Unterstützung durch Ihren Vorgesetzten/ die Geschäftsleitung wünschen? (Bitte ergänzen Sie eine kurze Begründung)

O ja, _____

O nein, _____

---

[80] Open-Space-Meetings sind offene Arbeitskreise, deren Thema die Teilnehmer selbst bestimmen. In Arbeitsgruppen werden Lösungen erarbeitet, deren Ergebnisse am Ende ausgetauscht werden.

3.11 Erhalten Sie von der Geschäftsleitung Informationen zu Themen, die nicht mit Ihrem Aufgabenbereich zusammenhängen? (Im Falle von „nein" überspringen Sie bitte die Fragen und gehen direkt zu Block 4 über)

○ ja

○ nein

3.12 Wie erhalten Sie Informationen von der Geschäftsleitung zu Themen, die nicht mit Ihrem Aufgabenbereich zusammenhängen?

○ Unternehmensberichte

○ Unternehmenszeitschrift

○ E-Mails / Info-Mails

○ Intranet

○ Sonstige: _____

3.13 Wie häufig erhalten Sie Informationen von der Geschäftsleitung zu Themen, die nicht mit Ihrem Aufgabenbereich zusammenhängen?

○ ein bis mehrmals täglich

○ ein bis mehrmals in der Woche

○ ein bis mehrmals im Monat

○ quartalsweise

○ halbjährlich bis jährlich

○ nie

3.13   Wie zufrieden sind Sie mit den Informationen, die Sie erhalten, die nicht mit Ihrem Aufgabenbereich zusammenhängen?

     O   sehr zufrieden

     O   zufrieden

     O   unentschieden

     O   eher nicht zufrieden

     O   eher unzufrieden

Themenblock 4: Statistische Angaben

Der vierte Themenblock beinhaltet Fragen zu ihrer Person und ihrer Position bei Meringer Gruppe.

4.1   Welchem Geschlecht fühlen Sie sich zugehörig?

     O   männlich

     O   weiblich

     O   divers

4.2   Wie alt sind Sie?

     O ≤ 20 Jahre

     O   21 – 30 Jahre

     O   31 – 40 Jahre

     O   41 – 50 Jahre

     O   51 – 60 Jahre

     O   > 61 Jahre

4.3   Welcher Tätigkeit gehen Sie bei Meringer Gruppe nach?

     O   Auszubildender / Student

     O   Management

     O   Produktionsmitarbeiter

     O   Technische Tätigkeit

     O   Verwaltende Tätigkeit

4.4	Wie lange Sie sind bereits im Unternehmen?

- O   < 6 Monate
- O   6 Monate – 1 Jahr
- O   1 – 3 Jahre
- O   3 – 5 Jahre
- O   5 – 10 Jahre
- O   10 – 15 Jahre
- O   15 – 25 Jahre
- O   > 25 Jahre

4.5	Wie häufig recherchieren Sie nach Informationen auf den internen Plattformen?

- O   ein bis mehrmals täglich
- O   ein bis mehrmals in der Woche
- O   ein bis mehrmals im Monat
- O   nie

4.6	Wie zufrieden sind Sie mit den internen Plattformen um nach Informationen zu suchen?

- O   sehr zufrieden
- O   zufrieden
- O   eher nicht zufrieden
- O   eher unzufrieden

4.7	Wie zufrieden sind Sie mit der Kommunikation innerhalb des Unternehmens?

- O   sehr zufrieden
- O   zufrieden
- O   eher nicht zufrieden
- O   eher unzufrieden

Themenblock 5: Optionales Feedback

Der fünfte Themenblock dient Ihnen dazu noch Feedback, Anregungen, Fragen oder sonstige Kommentare zum Fragebogen anzugeben.

_____

_____

_____

_____

_____

_____

_____

Vielen Dank für Ihre Mithilfe

_____

Anlage 2: Chi-Quadrat-Tabelle

df	0.90	0.95	Fläche 0.975	0.99	0.995
1	2,706	3,841	5,024	6,635	7,879
2	4,605	5,991	7,378	9,210	10,597
3	6,251	7,815	9,348	11,345	12,838
4	7,779	9,488	11,143	13,277	14,860
5	9,236	11,071	12,833	15,086	16,750
6	10,645	12,592	14,449	16,812	18,548
7	12,017	14,067	16,013	18,475	20,278
8	13,362	15,507	17,535	20,090	21,955
9	14,684	16,919	19,023	21,666	23,589
10	15,987	18,307	20,483	23,209	25,188
11	17,275	19,675	21,920	24,725	26,757
12	18,549	21,026	23,337	26,217	28,300
13	19,812	22,362	24,736	27,688	29,819
14	21,064	23,685	26,119	29,141	31,319
15	22,307	24,996	27,488	30,578	32,801
16	23,542	26,296	28,845	32,000	31,267
17	24,769	27,587	30,191	33,409	35,719
18	25,989	28,869	31,526	34,805	37,156
19	27,204	30,144	32,852	36,191	38,582
20	28,412	31,410	34,170	37,566	39,997
21	29,615	32,671	35,479	38,932	41,401
22	30,813	33,924	36,781	40,289	42,796
23	32,007	35,173	38,076	41,638	44,181
24	33,196	36,415	39,364	42,980	45,559
25	34,382	37,653	40,647	44,314	46,928
26	35,563	38,885	41,923	45,642	48,290
27	36,741	40,113	43,194	46,963	49,645
28	37,916	41,337	44,461	48,278	50,993
29	39,088	42,557	45,722	49,588	52,336
30	40,256	43,773	46,979	50,892	53,672
40	51,805	55,759	59,342	63,691	66,766
50	63,167	67,505	71,420	76,154	79,490
60	74,397	79,082	83,298	88,379	91,952
70	85,527	90,531	95,023	100,425	104,215
80	96,578	101,879	106,629	112,329	116,321
90	107,565	113,145	118,136	124,116	128,299
100	118,498	124,342	129,561	135,807	140,169
z	1,282	1,645	1,960	2,326	2,576

Tabelle 3: Chi²-Tabelle

(Quelle: Budischewski & Ornau (2016) S. 115)